복음의 핵심

이상남 목사 지음

도서
출판 **최선의 삶**

복음의 핵심

저자 서문

할렐루야!

지난 세월 성역 45여 년 (한국목회 15년, 미국이민목회 30년)의 발자취를 잠시 돌아보며 여기까지 인도하시고 지켜주신 에벤에셀의 하나님께 감사와 찬양과 영광을 돌려드립니다.

결코 짧지 않은 목회자의 길을 걸어오는 동안 성경 66권에 나타난 수 많은 다양한 진리의 말씀가운데 주님께서는 불초한 종에게 구원의 복음에 관한 말씀에 가장 깊은 관심과 깨달음으로 인도해 주셨습니다.

특별히 저에게는 구원의 복음에 일찍 진리의 눈을 뜨고 집중적으로 연구하게 된 동기와 계기가 있었습니다. 서울정릉에서 목회하다가 강원도 속초 성결교회에 부임하여 3년간 목회하는 동안 한번은 속초시내 교역자 특별세미나에 참석할 기회가 있었습니다. 그때 원로 목사님 한 분이 특별강사로 오셔서 목회자 세미나를 인도하시는 중 자신이 과거 공부할 당시 평양신학교에서 마포삼열교수님에게 들었던 말씀을 인용하면서 다음과 같은 도전적인 말씀으로 우리 후배들을 교훈해 주셨습니다.

"여러분들이 신학교를 졸업하고 나가서 목회할 때 온갖 수단방법으로 교인들 머리 숫자나 많이 끌어 모아 놓은 것으로 목회성공이다! 라고 스스로 자부하지 말고 당신들 목회하는 교회 교인들 중에 오늘 죽어도 천국 갈 구원의 확신을 가지고 신앙생활을 하는 알곡 성도가 실제로 몇 사람이나 되는가에 목회사역의 중점을 두고 신앙 양심에 부끄럽지 않은 목회사역을 일생 동안 해 나가도록 힘쓰십시오!"

나는 그날 원로목사님의 이와 같은 도전적인 말씀을 듣고 교회로 돌아오면서 스스로 생각하기를 아마도 우리교회 성도들 중에는 적어도 80% 이상 정도는 구원의 확신을 가지고 신앙생활을 하고 있을 것으로 자부하였습니다. 그래서 다음날인 주일 밤 예배시간에 천국에 관한 말씀을 증거한 후에 전 교인에게 눈을 감게 하고 지금 죽어도 천국 갈 구원의 확신이 있는 성도만 손을 들어보라고 결단의 시간을 가진 결과 의외로 겨우 30% 정도 밖에는 손을 들지 않았습니다. 그

날 나는 너무나 큰 충격과 도전을 받고 그것이 계기가 되어 그 주일부터 1년 이상을 구원의 복음에 대해서만 집중적으로 연구하고 가르치고 말씀을 증거하기 시작했습니다. 그때부터 40여 년간 목회사역을 해오는 동안에도 주로 구원의 복음에 대해서 계속 연구하고 증거해 왔습니다. 오늘날 전세계적으로 순수한 예수 그리스도의 십자가 보혈과 부활에 기초한 원색적인 오직 예수의 구원의 복음은 메말라가고 종교다원주의와 같은 현대 혼합주의 이단사상이 날로 팽배해가고 있는 현실을 바라보면서 미력하나마 지난 45여 년간 목회사역에서 간간히 증거해 왔던 구원의 복음에 대한 단편적인 말씀들을 뒤늦게 나마 종합적으로 총정리해 보자는 의도에서 "복음의 핵심"이란 본 소책자를 발간하게 된 것을 다행스럽게 생각하는 바입니다.

바라기는 본 책자를 통해서 이미 구원의 복음을 알고 구원의 확신을 가진 성도들은 이번에 구원에 대한 진리를 좀 더 깊이 체계적으로 종합정리하는 기회가 되기를 바랍니다. 아울러 이제까지 구원의 복음을 잘 모르고 구원의 확신이 분명치 않으셨던 분들은 금번 기회에 구원의 복음을 확실하게 배우고 올바로 깨닫고 믿고 받아드리므로 흔들리지 않는 구원의 확신 위에 자신의 신앙을 굳건히 세우는 더 할 수 없이 좋은 기회가 되시기를 간절히 바라는 마음으로 기도하는 바입니다.

끝으로 본 책자를 집필하도록 시종 감화 감동으로 역사하신 성령 하나님께 깊은 감사를 드리며 아울러 미숙하나마 5병2어를 주님 발 앞에 드린 어린아이 같은 마음으로 본 책자를 내 사랑하는 주님 앞에 바쳐 드리고 싶습니다.

세계등대교회

사랑에 빚진 종 이상남 목사

목차

하나님

본문말씀

"하나님이 세상을 이처럼 사랑하사 독생자를 주셨으니 이는 저를 믿는 자마다 멸망하지 않고 영생을 얻게 하려 하심이라"(요 3:16).

서론

기독교는 하나의 종교가 아니라 <u>생명의 복음이다</u>〈눅 2:10~11절 참조〉.

기독교는 생명의 복음이다

그리고 <u>복음은 예수 그리스도 자신이 복음이요 구원이시다</u>〈롬 1:2, 마 1:21절 참조〉.

아울러 복음이요 구원이신 예수 그리스도 한 분을 소개한 책(冊)이 곧 성경이다〈요 5:39절 참조〉.

따라서 성경66권을 하나의 "큰 복음서"라고 한다면 요한복음3:16절은 큰 복음인 성경66권에 나타난 모든 말씀의 내용을 한절로 요약해 놓은 이른바 "작은 복음서"라고 할 수 있다.

그러므로 본문 요3:16절은 신구약 성경 전체에 나타난 복음의 핵심 내용이 무엇인가를 가장 잘 나타내 보여주신 말씀이다.

「하나님이 세상을 이처럼 사랑하사 독생자를 주셨으니 이는 저를 믿는 자마다 멸망치 않고 영생을 얻게 하려 하심이니라」

복음의 핵심의
다섯 가지 요소
① 하나님
② 세상
③ 독생자
④ 믿음
⑤ 영생

우리는 이 요 3:16절의 한절 말씀 속에서 복음의 핵심을 이루고 있는 다섯 가지 요소를 발견할 수 있다.

① 하나님 ② 세상 ③ 독생자 ④ 믿음 ⑤ 영생

그러므로 필자는 본 저서에서 성경 66권에 나타난 복음의 핵심 내용 다섯 가지 요소를 한 가지씩 특별

연속 시리즈로 서술해 나가기로 하겠다. 따라서 본 장에서는 그 첫 번째 순서로 본문 요 3:16절 첫머리에 나타난 "하나님이"라고 하신 말씀부터 파헤쳐 보면서 피차 은혜를 나누고자 한다.

우리가 성경 전체에 나타난 복음을 온전히 이해하려고 하면 무엇보다 먼저 "하나님이 어떤 분이신가?" 하는 것부터 올바로 알아야만 하겠다. 왜냐하면 진정한 의미에서의 복음은 곧 하나님의 아가페적인 사랑에서부터 근원이 시작된 것이기 때문이다.

그러면 과연 하나님이 어떤 분이신가요?
사실 인간의 제한된 몇 마디의 언어로 만왕의 왕이시요 만유의 주가 되시는 높고 위대하신 하나님을 설명하기는 어렵다. 그래서 조직신학이나 성서신학 중에서도 삼위일체 하나님에 대한 "신론"이 가장 강론하기가 난해한 분야인 것도 사실이다.
그러기에 제한된 지면을 통해서 하나님에 대한 개념을 다 완전하게 설명한다고 하는 것은 사실상 불가능하다.
따라서 본 장에서는 하나님은 어떤 분이신가? 에

대해서 가장 기본적인 개념만을 가장 쉽고도 가장 분명하게 증거해 드리고자 한다.

I. 하나님은 우리 인간과 온 우주만물을 창조하신 전지전능하신 창조주시다
〈하나님→창조주〉

하나님은 창조주시다   창 1:1절 "태초에 하나님이 천지를 창조하시니라."

이 말씀은 성경 66권 말씀 속에 가득 찬 보물창고의 문을 여는 마스터 키〈근본 열쇠〉라고 할 수 있다.

우리 사람은 누구나 내 인생과 우주만물을 친히 만드신 창조주가 누구인가? 하는 인생의 근본부터 올바로 알아야 인생의 모든 문제를 풀어 나갈 수가 있다. 왜냐하면 인생의 창조주를 바로 아는 사람만이 올바른 소유관을 바로 가질 수 있기 때문이다.

따라서 과연 우리 인생은 어떤 소유관을 갖고 살아가고 있는가? 하는 것이 그 사람의 인격과 장래 운명을 전적으로 결정해 주는 가장 중요한 요소다.

※ 인생의 소유관 세 가지

① 내 것은 물론 내 것이고, 네 것도 내 것이다.

　이것은 도둑놈 철학이고, 공산당 철학이다.

② 내 것은 내 것이고, 네 것은 네 것이다.

　이것은 개인주의 철학이고, 민주주의 철학이다.

③ 내 것도, 네 것도 다 창조주 하나님의 것이다.

　이것이 바로 하나님의 자녀들이 마땅히 가져야할

　올바른 소유관과 성서적인 생활 철학이다.

　과연 우리 인생은 근본 창조론적인 면으로 보나 또
한 구속론적인 면에서 보나 명실 공히 모든 것이 합법
적으로 하나님의 소유라는 사실이 너무나도 명백하다
〈사 43:1절 참조〉.

　따라서 이와 같은 사실을 올바로 깨달을 때 우리 성
도들은 하나님 나라 청지기로서의 사명을 온전
히 감당할 수가 있다.

우리 인생은 하나님의
소유이다

※ 청지기 사상의 3대 원리

① 내가 가진 모든 것은 다 주님의 것이다.

② 주님의 것은 다 주님의 뜻에 따라 써야 한다.

③ 언젠가는 주님께서 결산 보고서를 요구하신다.

※ 성령 하나님께서는 오늘날 성도들이 올바르지 못한 소유관의 착각 때문에 다음과 같은 엄청난 축복을 잃어버리고 있다는 사실을, 필자에게 계속 깨우쳐 주시고 있다.

① 물질의 십일조 - 헌금
② 날들의 십일조 - 성수주일
③ 매일 24시간의 십일조 - 영적 활동

① 물질의 십일조 헌금을 안 드리므로 육신적인 물질 축복을 다 잃어버리고 있다.
② 날들의 십일조인 성수주일을 안 하므로 신령한 영적축복을 다 잃어버리고 있다.
③ 매일 24시간의 십일조인 2시간 정도를 영적 일에 안 드리므로 주와 동행하는 성령 충만한 신앙생활의 축복을 다 잃어버리고 있다.

그렇다면 하나님께서 우리 인생을 창조하시고 택한 백성을 구속하신 궁극적인 목적이 과연 무엇일까요?

사 43:7절 "무릇 내 이름으로 일컫는 자, 곧 내가 내 영광을 위하여 창조한 자를 오게 하라 그들을 내가 지었고 만들었느니라."

그러므로 저와 여러분들은 남은 생애만은 창조주

하나님께만 경배와 찬양과 신령과 진리로 예배드리고, 그분만 높여드리고 그 하나님께만 존귀영광을 돌려드리며 살아갈 수 있기를 주님의 이름으로 축원합니다〈고전 10:31절 참조〉.

II. 하나님은 창조하신 인간과 우주만물의 생사화복과 흥망소장을 전적으로 주관하시고 다스리시는 절대자시다
〈하나님→절대자〉

삼상 2:6~7절 "여호와는 죽이기도 하시고 살리기도 하시며 음부에 내리게도 하시고 올리기도 하시는도다 여호와는 가난하게도 하시고 부하게도 하시며 낮추기도 하시고 높이기도 하시는도다."

과연 우리 하나님만이 우리 생애운명을 전적으로 주관하고 좌우하신다. 그러므로 우리 인생은 나의 생애 운전대를 전적으로 그 하나님께 믿고 맡기고 믿음으로 살아가는 것이 가장 안전하고 가장 행복하고 가장 축복된 삶이 될 줄 믿으시기 바란다.

시 37:5~6절 "너의 길을 여호와께 맡기라 저를 의지하면 저가 이루시고 네 의를 빛같이 나타내시며 네 공의를 정오의 빛같이 하시리로다."

그러므로 저와 여러분들은 남은 생애 운전대를 전능하신 하나님의 손에 맡기고 모든 염려와 근심 걱정도 전적으로 하나님의 발 앞에 내려놓고 믿음으로 기도하고 그 하나님과 동행하며 가장 행복한 인생, 가장 복되고 성공적인 인생을 살아가시기를 주님의 이름으로 축원하는 바이다!

Ⅲ. 하나님은 독생자 예수 그리스도를 이 세상에 보내사 죄와 사망에서 나를 구원해 주신 내 영혼의 사랑의 아버지시다

〈하나님→내 영혼의 아버지〉

요한일서 4:9절 "하나님의 사랑이 우리에게 이렇게 나타난바 되었으니 하나님이 자기의 독생자를 세상에 보내심은 저로 말미암아 우리를 살리려 하심이니라"
요한일서 3:1절上 "보라 아버지께서 어떠한 사랑을 우리에게 주사 하나님의 자녀라 일컬음을 얻게 하셨는고."

그러므로 우리가 하나님께서 전능하신 창조주요, 인간의 생사화복을 주관하고 다스리시는 절대자라는 사실을 아는 것도 중요하지만 그렇게 위대하신 하나님께서 내 영혼의 사랑의 아버지가 되신다는 사실을 올바로 깨닫고 믿고 사랑하고 감사하고 그분의 말씀에 절대 순종하고 살아갈 줄 아는 것이 가장 중요하다.

> 신 30:19~20절上 "내가 오늘날 천지를 불러서 너희에게 증거를 삼노라 내가 생명과 사망과 복과 저주를 네 앞에 두었은즉 너와 네 자손이 살기 위하여 생명을 택하고 네 하나님 여호와를 사랑하고 그 말씀을 순종하며 또 그에게 부종하라."

위 말씀에서 "부종하라"는 구절은 "밀접히 결합하라, 착 달라붙으라."라는 뜻을 가지고 있다.

부종하라
= 밀접히 결합하라

미국에 윌버 체프만이라는 유명한 전도자이시며 목사님이셨던 분이 있었다. 그 목사님의 교회에 어떤 교인이 13세 때 가출한 아들을 찾으러 매일 돌아다녔다. 이곳저곳을 찾아 헤매던 중 드디어 18년 만에 우연히 필라델피아 역전에서 그 아들을 발견했다. 그 역전에서 막 나오려고 하는데 어떤 남루한 옷차림의 청년이 초점 없는 눈으로 방황하며 구걸을 하고 있었다. 마치 마약 환자처럼 보이는 이 청년이 그에게로 다가와서 "25센트(Quarter) 하나만 주세요." 라고 말했을 때 그 아버지는 그 청년이 바로 자기 아들인 것을 단번에 알아볼 수가 있었다.

"야! 너는 내 아들 톰(Tom)이 아니냐. 나는 너의 아버지다." 그러나 이 청년은 그 말에 아랑곳하지 않고 여전히 초점 없는 눈동자로 "아저씨 25센트만 주세요."라고 계속 구걸했다. 그 순간 이 아버지는 아들을 덥석 껴안으며 이렇게 소리를 질렀다. "사랑하는 아들아! 이제 너에게는 25센트가 문제가 아니다. 내가 바로 네 아버지야. 그리고 너는 내 아들이란다. 그렇기 때문에 내 집과 내 돈 그리고 나의 모든 농장이 다 네 것이란다. 아니 내가 가지고 있는 모든 것이 다 네 것이니 너는 이제 집으로 돌아가서 나와 함께 행복하게 살자!"

롬 8:32절 "자기 아들을 아끼지 아니하시고 우리 모든 사람을 위하여 내어주신 이가 어찌 그 아들과 함께 모든 것을 우리에게 은사로 주지 아니하시겠느뇨."

결론

사랑하는 성도 여러분!

　우리는 본 장을 통해서 하나님이 과연 어떤 분이신가를 다시 한 번 기억해야 하겠다.

① 우리 하나님은 내 인생을 창조하신 창조주시다.

　따라서 올바른 소유관을 가지고 그 하나님만 섬기고 그 하나님께만 경배와 찬양과 영광 돌리며 살아가자!

② 우리 하나님은 내 인생의 생사화복의 운전대를 잡고 계신 절대자시다.

　따라서 그 하나님께 내 생애 운전대를 전적으로 맡기고 살아가자!

③ 우리 하나님은 나를 죄와 사망 가운데서 구원해 주신 내 영혼의 사랑의 아버지시다.

　따라서 그 하나님만 사랑하고 감사하며, 그 하나님 말씀에 절대 순종하며 살아가자!

하나님은 창조주시다
하나님은 절대자시다
하나님은 사랑의 아버지시다

세상

본문말씀

"하나님이 세상을 이처럼 사랑하사 독생자를 주셨으니 이
는 저를 믿는 자마다 멸망하지 않고 영생을 얻게 하려 하
심이라"(요 3:16).

서론

살아계신 하나님의 말씀이 기록된 성경 66권을 하나
의 "큰 복음서"라고 한다면, 오늘의 본문 요 3:16절은
큰 복음서인 성경 전체의 내용을 한마디로 요약해 놓

성경 66권 = 큰 복음서
요 3:16 = 작은 복음서

은 "작은 복음서"라고 할 수 있다.

따라서 이 요 3:16절 가운데는 복음의 다섯 가지의 핵심진리가 나타나 있다〈요 3:16절 참조〉.

즉 ① 하나님 ② 세상 ③ 독생자 ④ 믿음 ⑤ 영생, 이것이 바로 가장 중요한 복음의 핵심 내용이다.

하나님께서 가장 사랑하신 대상은 누구인가?

그래서 앞에서 논한 제 1장에서는 복음의 핵심 시리즈 그 첫 번째로 "하나님이"라고 한 말씀을 중심으로 "하나님은 어떤 분인가?"에 대해서 말씀을 증거해 드렸다. 그리고 이번 제 2장에서는 복음의 핵심 시리즈 그 두 번째로 "세상을 이처럼 사랑하사"라고 하는 말씀을 중심으로 하나님의 사랑의 대상인 "세상은 무엇인가"에 대해서 함께 깊이 파헤쳐 보면서 피차 은혜를 받고자 한다.

Ⅰ. 하나님께서 사랑하신 "세상"은 누구를 가리키는가? 즉, 하나님께서 가장 사랑한 대상은 누구인가?

본문 요 3:16절 상반절에 "하나님이 세상을 이처럼 사랑하사"라고 하신 말씀을 보면 하나님의 가장 귀한 사랑의 대상은 곧 세상이라는 사실을 알 수 있다.

그렇다면 과연 세상은 누구를 가리킨 말씀인가?

본문 요 3:16절에 언급한 "세상"이란 헬라 원어로 "코스모스(κοσμος)"라고 하는데 이 말은 곧 이 땅 위에 과거에 살았고, 현재에 살고 있고, 미래까지 살게 될 "모든 인간"을 통털어 의미해 준 말이다.

롬 5:12절 "이러므로 한 사람으로 말미암아 죄가 세상에 들어오고 죄로 말미암아 사망이 왔나니 이와 같이 모든 사람이 죄를 지었으므로 사망이 모든 사람에게 이르렀느니라."

이 말씀에 보면 "세상"이란 우리가 살고 있는 이 지구 땅 덩어리를 가리킨 말이 아니라 이 땅 위에 살고 있는 인류 시조 아담의 후손인 우리 모든 죄인들을 가리킨 말씀이다.

그렇다면 결국 하나님의 가장 큰 사랑의 대상이 되는 세상이란 곧 그 의미를 좀 더 나와 연결시켜 좁혀서 생각해보면 이 땅 위에 모든 죄인들 중 하나인 바로 나와 당신을 의미해 주고 있다.

따라서 "하나님이 세상을 이처럼 사랑하셨다"는 말

세상이란 아담의 후손인 우리 모든 죄인들을 가리킨다

은 곧 하나님께서 죄인인 당신을 사랑했다는 말씀으로 받아드려야 한다. 우리 각자가 이와 같은 사실을 뒤늦게나마 올바로 깨닫는 순간 새삼스럽게 놀라고 감격하지 않을 수가 없다.

딤전 1:15절 "미쁘다 모든 사람이 받을 만한 이 말이여 그리스도 예수께서 죄인을 구원하시려고 세상에 임하셨다 하였도다 죄인 중에 내가 괴수니라."

성도 여러분! 하나님의 가장 큰 사랑의 대상은 바로 죄인 괴수 나와 당신이라는 사실을 뒤늦게나마 깨닫고 눈물겨운 감사와 찬양과 영광을 성삼위 우리 하나님께 돌려드리시기를 주님의 이름으로 축원하는 바이다.

하나님의 가장 큰 사랑의 대상은 죄인 괴수 나와 당신이다

II. 구원은 믿기도 하고 행하기도 해야 얻을 수 있다는 주장

하나님께서 세상 죄인들을 사랑하시되 얼마만큼 사랑하셨는가? 즉 사랑의 분량은 얼마나 큰가?

본문 요 3:16절上 "하나님이 세상을 이처럼 사랑하

사 독생자를 주셨으니" 하나님의 사랑의 분량은 "이처럼의 사랑이라"고 말씀해 주고 있다. 그렇다면 과연 이처럼의 사랑이란 곧 하나 밖에 없는 독생자까지 십자가에 희생 제물로 내어주신 사랑을 의미해 주고 있다〈요한일서 4:9-10절 참조〉.

따라서 독생자까지 아끼지 않으시고 갈보리 언덕 십자가 위에서 물과 피를 다 쏟아주시므로 죄인 괴수 나와 당신을 죄와 사망에서 구원해주신 <u>하나님의 이처럼의 사랑이야말로 그 사랑의 넓이와 길이와 높이와 깊이</u>를 측량할 수 없는 놀랍고 큰 사랑이 아닐 수가 없다〈롬 8:32절, 엡 3:18-19 참조〉.

그렇다면 문제는 전지전능하신 하나님께서 죄인인 나와 당신을 속죄 구원하시기 위해 왜 하필 하나님께서 사람의 몸을 입으시고 이 땅에 오셔서 십자가에서 피를 흘리셔야만 했는가? 그 방법 외에는 더 좋고 편리하고 쉬운 방도는 없었을까?

하나님께서는 먹지 말라고 하신 금단의 열매 선악과를 따 먹고 죄와 사망에 빠진 아담의 후예인 우리 죄인들을 속죄 구원하시려고 먼저 하나님의 종 모세를 통해 율법을 주셨다. 그리고 엘리야와 이사야와 예레미야와 같은 수많은 선지자들을 통해 예언을 주셨다.

그러나 완악한 죄인들은 하나님께서 보내신 모든 선지자들과 주의 종들을 다 죽이고 핍박하고 거절하고 끝내 하나님께 돌아오지 않았다.

그래서 급기야는 최후의 마지막 방법으로 하나님 자신이 사람의 육체를 입으시고 독생자 예수 그리스도의 모습으로 이 땅에 오셔야만 했다.

그렇게 함으로써 십자가의 죽으심과 부활로 인간의 죄와 사망 문제를 완전히 해결하실 수가 있었다.

결국 말씀이신 하나님께서 사람의 몸을 입으시고 이 땅에 오셔서 온갖 고난을 받으시고 십자가의 피 흘리심의 특별한 방법을 통해서만이 인간의 속죄구원을 완성하셨다〈요 1:14절, 벧전 1:18-19절 참조〉.

성도 여러분! 우리 하나님의 독생자까지 주신 이처럼의 사랑과 은혜에 감사 감격하므로 남은 생애 죽도록 헌신 봉사하고 지사충성하는 복된 성도들이 되시기를 주님의 이름으로 축원하는 바이다.

Ⅲ. 하나님의 독생자까지 주신 이처럼의 사
   랑과 은혜에 보답하는 길은 무엇인가?
   즉 하나님 사랑의 보답방법은 무엇인가?

시 116:12~14절 〈성군 다윗의 시〉 "여호와께서 내게
주신 모든 은혜를 무엇으로 보답할꼬? ① 내가 구원
의 잔을 들고 ② 여호와의 이름을 부르며 ③ 여
호와의 모든 백성 앞에서 나의 서원을 여호와
께 갚으리로다."

① 내가 받은 구원을 공개적으로 자랑하겠다는 것〈전
   도〉
② 여호와의 이름을 높이고 찬양하고 경배 드리겠다
   는 것〈경배〉
③ 여호와께 서원한 것은 철저히 이행 하겠다는 것〈서
   원 이행〉

하나님의 사랑의 보답방법

   그렇다면 과연 당신은 어떤 방법으로 하나님의 사
랑과 은혜에 보답하기 위해서 최선을 다하고 있는가?

   〈RS〉 1950년 10월 가을에 대구 근교에 결혼한 지
얼마 안 되는 신혼부부가 살고 있었다. 남편은 6.25

한국전쟁 때문에 학도병으로 끌려갔고, 부인은 곧 태어날 아기를 위해 기도하고 있었다. 남편을 전쟁터에 내 보내고 기도로 살아가고 있던 자매는 만삭이 된 그 해 12월 24일 크리스마스이브에 어느 때와 마찬가지로 섬기는 교회에 가서 주님 탄생하신 날을 축하하며 찬양대를 섬기기 위해 집을 나섰다.

그날따라 왜 그리도 눈이 모질게 내리는지 그 자매가 자기 교회를 가려면 약 15리나 넘는 길인데 점점 눈발이 몰아치기 시작했고, 교회까지는 절반도 못간 지경에서 갑자기 산통이 오기 시작했다. 밤은 깊어오고 큰일을 만난 자매는 소리를 지르며 도움을 구하기 시작했다. "거기 누구 없어요! 누구 나 좀 도와주세요!" 그러나 그 밤에 그 자매를 도와줄 아무 사람도 그곳에는 없었다.

참다못한 자매는 눈앞에 보이는 어느 작은 다리 밑으로 내려가서 아기를 낳고는 다시 애처롭게 부르짖기 시작했다. "누구 나 좀 도와주세요! 아기가 태어났어요!" 아무리 소리를 질러도 들려오는 소리라고는 차가운 눈바람소리뿐 어느 누구도 그 자매를 도와주지 못했다. 그 때 자매는 자기가 방금 출산한 핏덩어리 아기를 보는 순간 아기는 점점 얼어가기 시작했고 어뎋게 할 도리가 없게 되자 마지막 비장한 결심을 하고 자기가 입고 있던 옷을 하나하나 다 벗어서 미친 듯이 아기를 감싸기 시작했다.

그런데 한편 그 자매가 다니는 교회에서는 크리스마스이브 행사를 마치고 미국인 여자 선교사님이 아무리 기다려도 그 신실한 자매가 오지를 않자 다음날 성탄절 새벽예배를 마치고 교인 몇 사람과 함께 그 자매의 집을 찾아 나섰다.

한 절반의 거리쯤 왔을 때 그 하얀 눈밭에 새빨간 붉은 피가 흘려진 발자욱을 따라가다가 선혈이 낭자한 다리 밑의 참혹한 광경을 보게 되었다. 다리 밑에 어떤 여인 하나가 온몸에 실오라기 하나 걸치지 않고 죽어있는 모습을 보고 교인들과 함께 달려 내려간 미국 여자 선교사님은 바로 그 여인이 어젯밤에 교회를 왔어야할 자기 교회 자매인 것을 알게 되었다.

그런데 더 놀라운 사실은 실오라기 하나 걸치지 않고 죽어있는 그 자매 옆에 그 자매가 입고 있던 옷으로 돌돌 말아서 속옷까지 벗어서 감싸진 어린 핏덩어리 하나가 아직까지 숨을 쉬고 살아있는 비참한 광경을 목도하게 되었다. 그 자매의 죽음 앞에 그 미국 여자 선교사님은 주님의 이름으로 엄숙하게 약속을 했다. "자매님! 내가 당신의 이 아이를 입양해서 반드시 훌륭한 선교사로 키우겠습니다." 그리고는 그 기적같이 살아난 아기를 데리고 미국으로 건너와서 믿음으로 잘 키웠다.

어느덧 이 아이가 커서 18세가 되는 생일날 엄마가 그 아들에게 물었다. "아들아! 내가 18살 생일선물을 무엇을 해 주기를 원하니?"라고 물었더니, 그 아이가 대답하기를 "엄마! 난 엄마가 내 진짜 엄마가 아닌 것을 이미 오래전부터 알고 있었어요. 피부색깔도 다르고 눈빛도 다르고... 그러나 오늘은 나의 진짜 엄마가 누군지 이제는 숨김없이 말해주세요!" 그러자 그 미국 여자 선교사님은 지난날의 슬픈 사연을 다 털어 이야기 했다. "아들아! 사실은 너의 엄마가 1950년 12월 24일 그 눈보라가 치는 대구 근교에서 너를 낳고는 얼어 죽어가는 너를 살려내기 위해서 옷을 다 벗어주고 대신 얼어 죽고 말았단다."

그 말을 들은 아들이 "엄마! 내 18살 생일선물은 한국 가는 비행기 표 끊어주세요."라고 부탁해서 결국 그 아들은 비행기를 타고 한국에 나가서 대구 엄마의 무덤을 찾아갔다. 그런데 그 엄마의 무덤을 보는 순간 이 아들은 미친 사람처럼 달려가서 자기의 옷을 벗기 시작했다. 먼저 자기가 입고 있던 가죽 잠바를 벗고, 그 안에 입고 있던 옷을 벗고, 그리고 온몸에 입고 있던 자기 속옷 팬티, 런닝까지 다 벗어서 엄마의 무덤을 온통 다 감싸 덮으면서 울부짖으며 외치기 시작했다.

"엄마! 엄마는 내가 이 땅에 태어나서 핏덩어리로 눈 속에서 얼어 죽을 수밖에 없는 나를 위해서 옷 벗어 나를 감싸주고 내 대신 엄마는 죽었지요. 엄마! 그 밤에 얼마나 추웠어요? 엄마! 그 밤에 얼마나 외로웠어요? 엄마! 그 밤에 얼마나 애를 태우셨어요? 엄마가 대신 죽지 않았다면 내가 살 수 없었는데, 엄마! 이제 내가 이 옷을 벗어 엄마의 무덤이라도 덮어 드릴께요. 이제 엄마 주무세요. 따뜻하게 편히 쉬세요!" 그리고는 그 옷을 하나하나 다 벗어서 엄마의 무덤을 덮어주고 울고 또 울었다.

그리고 결국 그 아들은 엄마의 무덤 앞에서 자기의 삶을 주님께 드리고 선교사로 헌신하겠다고 결심을 했다. 지금은 미국에 살면서 훌륭한 선교사로 전 세계에 나가 복음을 전하고 있다고 한다.

성도 여러분! 우리는 지금 갈보리 언덕 십자가에 못 박혀 피 흘리신 예수님을 믿음의 눈으로 쳐다보면서 우리도 그 아들이 엄마의 무덤에서 고백한 것과 같은 신앙의 고백을 드려보는 것은 어떨까 생각해보자〈요일 4:9-10. 빌 1:29절 참조〉.

〈찬송가 416장〉

하나님은 사랑이시다

① 하나님은 외아들을 주시는 데까지 세상사람 사랑하니 참 사랑이로다
하나님은 사랑이라 죄악에 빠졌던 우리까지 사랑하니 참 사랑 아닌가!
② 하나님을 배반하고 멀리 떠난 우리 원수같이 대적하나 사랑하여 주네
하나님은 사랑이라 죄악에 빠졌던 우리까지 사랑하니 참 사랑 아닌가!
③ 세상 죄를 사하시려 우리 죽을 대신 성자 예수 십자가에 고난 받으셨네.
하나님은 사랑이라 죄악에 빠졌던 우리까지 사랑하니 참 사랑 아닌가!
④ 이 사랑에 감복하여 곧 주께 나오라 곤한 영혼 주께 맡겨 구원을 얻으라.

하나님은 사랑이라 죄악에 빠졌던 우리까지 사랑하니 참 사랑 아닌가!

결론

사랑하는 성도 여러분!

우리 모두 본문말씀의 내용을 다시 한 번 기억하자!

① 하나님의 사랑의 대상인 세상은 누구를 가리키는가?

바로 죄인 괴수 나와 당신을 가리킨다.

② 하나님은 세상 죄인인 당신을 얼마만큼 사랑하는가?

독생자까지 주신 이처럼의 사랑으로 사랑하신다.

③ 하나님의 독생자까지 주신 이처럼의 사랑을 우리는 어떻게 보답해야 하는가?

몸 바쳐, 마음 바쳐, 생명 바쳐 전도하고 선교하고

헌신 봉사하는 것으로 보답해야 하겠다.

「하나님이 세상을 이처럼 사랑하사 독생자
를 주셨으니…」

아멘! 할렐루야!!

독생자

본문말씀

"하나님이 세상을 이처럼 사랑하사 독생자를 주셨으니 이
는 저를 믿는 자마다 멸망하지 않고 영생을 얻게 하려 하
심이라"(요 3:16).

서론

본문 요 3:16절 말씀 가운데는 복음의 다섯 가지 핵심
적인 진리가 나타나 있다. 즉 ① 하나님 ② 세상 ③ 독
생자 ④ 믿음 ⑤ 영생

이 다섯 가지가 곧 성경 66권 전체의 내용을 잘 함축해 놓은 가장 중요한 복음의 핵심 내용이다.

우리는 이미 앞에서 1, 2장을 통해서 복음의 핵심 시리즈 첫 번째로 "하나님"에 대해서, 그리고 두 번째로 "세상"에 대해서 공부해온 바 있다. 따라서 이번 제 3장에서는 복음의 핵심 시리즈 그 세 번째로 "독생자를 주셨으니"라고 하신 말씀을 중심으로 "하나님의 독생자"에 대한 복음진리를 함께 파헤쳐 보면서 피차 은혜를 받기를 원한다.

I. 하나님께서 세상 죄인을 사랑하사 보내 주신 "독생자"란 누구를 말하는가?

독생자란
예수 그리스도를 가리킨다

본래 "독생자"란 말은 곧 하나 밖에 없는 외아들을 의미해준 말이다. 따라서 하나님의 오직 하나 밖에 없는 외아들은 곧 예수 그리스도를 가리켜 주고 있다.

막 1:1절 "하나님의 아들 예수 그리스도 복음의 시작이라"

그렇다면 예수 그리스도란 구체적으로 각각 무엇을

의미해 준 말인가?

성경에 보면 예수님은 하나님으로도 완전하시고, 사람으로도 완전하신 즉 신·인 양성을 겸전하신 이상적인 중보자와 유일하신 구세주로 이 땅에 오신 분이라고 말씀해 주고 있다.

따라서 "예수"란 사람으로 완전하신 예수님의 인성을 대표한 이름이고, "그리스도"란 하나님으로 완전하신 예수님의 신성을 대표한 이름이다. 또한 "예수"는 하나님의 독생자의 개인적인 이름이고 "그리스도"는 하나님의 독생자의 공적인 직책의 이름이다.

'예수'는 하나님의 독생자의 개인적인 이름이고, '그리스도'는 하나님의 독생자의 공적인 직책의 이름이다

그러면 예수 그리스도란 이름의 뜻은 각각 무엇인가?

"예수"란 이름의 뜻은 헬라어로는 "예수스"(Ἰησοῦς)라고 하고, 히브리어로는 "예수와"(יהושׁע) 곧 "여호수아"란 말과 동의어로서 그 뜻은 "여호와는 구원이시다"란 뜻이다. 따라서 "예수"란 이름 자체가 곧 "예수는 구원자"라는 뜻이다〈마 1:21절 참조〉. 그러기에 롬 10:13절에 보면 "누구든지 주의 이름을 부르는 자는 구원을 얻으리라"고 말씀해 주고 있다.

그리고 "그리스도"란 이름의 뜻은 헬라어 "크리스토스"에서 온 말로서 그 뜻은 "기름부음을 받은 자"란 뜻이다.

구약성경에 보면 하나님께서는 반드시 세 종류의 사람들, 즉 선지자, 제사장, 왕에게만 기름을 부어 사명을 감당하도록 허락해 주셨다.

따라서 "예수 그리스도"란 복합적인 이름의 뜻을 정확히 해석하면 다음과 같다. 「예수님은 죄와 사망에 빠진 인간의 유일하신 메시야 구원자로 이 땅에 오시되 단 선지자와 제사장과 왕의 역할을 통해 우리 인간의 속죄구원을 완성하신 분」이라는 뜻이 있다.

그러므로 과연 예수님께서는 그리스도란 이름 뜻 그대로 2천 년 전에는 육신을 입고 오셔서 선지자 역할을 하셨고, 지금은 부활 승천하셔서 하나님의 보좌 우편에서 제사장의 역할을 해 나가시고 계시고, 장차는 만왕의 왕 역할의 자격으로 재림해 오셔서 천년왕국을 통치하고 다스리게 되실 것이다.

그러므로 지금 하나님께서 죄인인 나와 당신을 이처럼 사랑하사 보내주신 독생자 예수 그리스도 앞에

마 16:16절에 예수님의 수제자 베드로가 고백한 것처럼 겸손히 입을 열어 예수 그리스도에 대한 올바른 신앙고백을 드려 보시기 바란다.

"주는 그리스도시요 살아계신 하나님의 아들이시니이다!(아멘)"

II. 독생자 예수 그리스도께서 이 땅에 오셔서 우리를 위해서 이루신 속죄구원사역이 무엇인가?

우리는 하나님의 독생자 예수 그리스도께서 이 땅에 오셔서 죄인 괴수 우리를 위해 이루신 속죄구원의 사역을 5가지로 요약해 볼 수 있다.

속죄구원사역은 무엇인가?

① 하나님의 독생자 예수님께서 하나님의 성령으로 잉태하사 죄 없는 몸으로 탄생하시므로 죄로 원수지간이 된 하나님과 우리 사이를 화목 시키실 수 있는 신·인 양성을 겸전하신 유일하신 이상적인 중보자가 되어 주셨다〈딤전 2:5절 참조〉.

② 하나님의 독생자 예수님께서 십자가에 피 흘려 죽으심으로 우리의 영원한 속죄구원을 완성해 주셨다〈엡 1:7절 참조〉.

③ 하나님의 독생자 예수님께서 사망권세를 이기시고 부활하심으로 그 부활하신 생명의 영이 믿고 구원 받은 우리의 영속에 들어오셔서 우리를 거듭나게 함으로 하나님의 자녀가 되게 하셨다〈벧전 1:3~4절 참조〉.

④ 하나님의 독생자 예수님께서 영원히 썩지 않을 부활체로 다시 살아 나사 하늘나라로 승천하사 하나님 보좌 우편에 대제사장으로 앉아 계시면서 우리를 위해 항상 간구하고 계신다〈롬 8:34절 참조〉.

⑤ 하나님의 독생자 예수님께서 장차 만왕의 왕으로 이 땅에 재림하심으로 우리를 하늘나라로 데려 가사 영생복락을 누리게 해 주실 것이다〈살전 4:16~17절 참조〉.

그렇다면 오늘날 우리 성도들은 예수님을 믿되 어

떻게 믿어야 할까요? 우리는 예수님의 생애 가운데 가장 중요한 다섯 가지 사건 즉 ① 성령잉태 ② 십자가 죽음 ③ 부활 ④ 승천 ⑤ 재림을 성경말씀 그대로 믿고 그대로 살고 그대로 전파하며 사는 것이 예수를 올바로 믿는 생활인 줄 믿는다.

아무쪼록 바라기는 여러분 남은 생애동안 하나님의 독생자 예수 그리스도께서 목숨 바쳐 완성하신 속죄 구원의 복음을 세상 땅 끝까지 전파하는 일에 최선을 다하시기를 주님의 이름으로 축원하는 바이다.

Ⅲ. 하나님의 독생자 예수 그리스도를 통해서 성취하신 속죄구원을 우리는 어떻게 해야 나의 구원으로 영원히 받아 누릴 수가 있는가?

우리는 이 질문에 대한 정확한 해답을 얻기 위해서는 먼저 성경에 말하는 구원은 무엇인가? 하는 정의부터 올바로 알아야 한다. 과연 무엇이 참 구원인가?

오직 예수가 구원이시다

"오직 예수가 구원이다."

"오직 예수가 구원이다."

"오직 예수가 구원이다."

따라서 우리 모두가 예수 그리스도를 통해서 성취하신 속죄구원을 각자 나의 구원으로 받아 누리기 위해서는 반드시 다음과 같은 다섯 가지 과정을 거쳐야한다.

① 예수가 구원이시니 내 인생 여로에서 예수님을 만나야 한다. 구원이신 예수님을 만나는 것이 하나님의 은혜요 구원의 시작이다.

〈BS〉 요 4장 ; 사마리아 수가성 우물가에서 예수님을 만난 창녀

② 예수가 구원이시니 구원이신 예수님을 나의 영속에 구세주로 시인하고 영접해 드려야 한다. 영접해 드리는 것이 곧 믿음이요 거듭나서 하나님의 독생자가 되는 방법이다.

〈BS〉 눅 19장 → 여리고 성 세리장 삭개오의 예수님 영접

③ 예수가 구원이시니 구원이신 예수님과 함께 인

생길을 걸어야 한다. **내 혼 속에 예수님을 왕으로 모시고 주와 동행하는 생활로 살아가는 것이 성화의 구원을 이루어 나가는 길이요, 성령 충만하게 살아가는 비결이다.**

〈BS〉 행 9장 ; 다메섹 도상에서 예수님 만난 바울의 변화된 생애

④ 예수가 구원이시니 하나님께서 내 영혼을 부르시는 날 구원이신 예수님 손에 이끌려 영원한 본향 천국으로 들려 올라가야 한다. **예수님과 함께 천국에 들어가기 위해서는 불가불 육체의 썩은 장막을 벗어버리고, 부활과 휴거의 역사를 통해 예수님과 같이 다시는 죽지 않을 영화로운 신령한 몸으로 온전히 변화되는 과정을 거쳐야 한다. 이것이 곧 영화의 구원이요 천국 들어가는 필수적 과정이다.**

〈BS〉 왕하 2장 ; 선지자 엘리야의 승천사건

⑤ 예수가 구원이시니 구원이신 예수님과 천국에서 영원히 함께 살아가야 한다. **예수님과 함께 천국에서 영원히 함께 살아가는 것이 구원의 완성이**

예수가 구원이시다

요, 영생복락을 받아 누리는 성도의 최고, 최대, 최후의 소망이다.

〈BS〉 눅 16장 ; 낙원천국에 들어가 아브라함의 품에 안긴 나사로

<RS>한 젊고 신실한 목사님이 목회를 하고 계신 어느 교회 주일 낮 예배시간에 낯선 노신자 한분이 참석하여 함께 예배를 드리고 있었다.

그날따라 목사님은 간단히 설교를 마치고 그 노신자 분에게 간증을 부탁드렸다. 그랬더니 그 노신자는 잠시 과거를 회상하듯 침묵의 시간을 가진 후 입을 열어 그 자리에 모인 교인들에게 다음과 같은 이야기를 들려주었다.

"여러분 제가 여러분의 담임목사님과 같은 젊은 나이였을 때 하루는 내 아들과 아들의 가장 가까운 친구를 데리고 배를 타고서 바다낚시를 나가게 되었습니다. 밤새 흥분으로 인해 잠을 설치고 들뜬 마음으로 따라 나온 내 아들과 그 친구를 태우고 저는 보트를 운전하여 물고기가 많이 모여 있을 법한 곳을 찾아가

서 낚시를 하고 있던 중이였습니다. 그때 갑자기 하늘에 먹장구름이 덮이더니 비바람이 불며 거센 파도가 몰아치기 시작했습니다. 파도를 타고 높이 올랐다 떨어지는 배로부터 내 아들은 이쪽 편으로 그리고 내 아들의 친구는 저쪽 편으로 튕겨져 나가 바닷물 속에 빠지고 말았습니다. 두 아이들은 양쪽에서 울부짖으며 제각기 살려 달라고 아우성을 치고 있었습니다. 조금만 지체해도 물속으로 가라 앉아버릴 급박한 상황이었습니다. 나는 두 아이 중 하나를 선택하야만 했습니다. 물론 나의 마음은 내 아들에게 가 있었고 나는 그쪽을 향해 밧줄을 던지려고 했습니다. 그 순간에 내 마음속에 그 밧줄을 아직 주님을 알지 못하는 채 죽어가는 네 아들의 친구에게 던지라는 주님의 음성이 들려왔습니다. 그때 나는 아들이냐? 아들의 친구냐? 하나를 살리기 위해 하나를 포기해야하는 절박한 순간을 맞이했습니다. 이미 나의 아들은 예수님을 믿어 구원을 받았으므로 지금 물속에서 죽는다고 해도 그 영혼은 천국에 들어가게 될 것이지만 저 아들의 친구는 지금 죽으면 영원한 지옥의 멸망으로 떨어질 것을 생각하는 순간 나의 결심은 굳어졌고 나는 내 아들에게 등을 돌리고 돌아서며 친구 아들을 향해 밧줄을 던졌습니다.

　사랑하는 아들이 애타게 울부짖으며 물 속으로 빠져 죽어가는 모습을 눈앞에 보며 나는 통곡하면서 밧줄을 당겨 내 아들의 친구 아이를 건져내고 말았습니다.

　오랜 세월이 지난 지금 이 순간에도 내 아들이 마지막 물 속에 가라앉으며 이애비를 향해 울부짖던 모습이 내 눈에 보이고 그 애처로운 비명이 내 귀에 들리고 있습니다."

　그 간증을 하고 있는 노신사의 눈에서도 그리고 그 기막힌 간증을 듣고 있는 모든 교인들의 눈에서도 하염없는 눈물이 흘러 내렸다.

　그때 갑자기 회중석에서 한 젊은이가 벌떡 일어서더니 할아버지 그 이야기가 너무 극적이라서 정말 할아버지께서 일어났던 실화라고 믿어지지가 않네요.

　그 간증 말씀이 정말이라면 그때 할아버지의 아들 대신 살려낸 그 아드님의 친구는 어디에 살고 있나요?

　그 노신사는 양쪽 볼 위를 타고 흘러내리는 눈물을 닦으며 얼굴에 미소를 머금고 강단 의자에 앉은 채 흐느끼며 눈물을 쏟고 있는 젊은 목사님을 손가락으로 가리키며 "저기 저 분이 바로 내 아들 대신 살아난 내 아들의 친구입니다." 라고 대답했다.

여러분! 이 눈물겨운 간증의 스토리는 여기서 끝나는 것이 아니다.

바로 이 노신사의 가슴 아픈 간증 속에서 우리 모두는 죄인괴수인 나와 당신들을 바로 사랑하시되 독생자까지 주신 측량할 수 없는 하나님 아버지의 아가페 사랑을 희미하게나마 볼 수 있어야 한다. 하나님 아버지는 그의 독생자 예수 그리스도 대신 죄와 사망의 파도 속에 빠져 죽어가는 나와 당신을 선택하셨다.

그대로 두면 저 지옥의 영원한 불 심판을 받을 수밖에 없는 나와 당신을 건지시기 위해 "엘리 엘리 라마사박다니……"라고, 부르짖으며 마지막 숨을 거두신 아들 예수의 십자가 상의 그토록 처절한 울부짖음도 외면하시고 죄인 괴수 나와 당신을 향해 생명의 밧줄을 던지셔야만 했다. 그 순간 하늘의 해와 달과 별도 캄캄해졌다. 이 죄악과 사망과 심판의 바다에 구원의 밧줄을 던져 바로 영원한 지옥 자식이 될 나와 당신을 끌어 올리셔야만 하셨던 사랑의 하나님 아버지의 눈에서는 피 눈물을 강물처럼 흘리셔야만 했다. 오늘

하나님 아버지는 그의 독생자 예수 그리스도 대신 죄와 사망의 파도 속에 빠져 죽어가는 나와 당신을 선택하셨다

날 우리는 그 하나님 아버지의 눈물과 뼈 아픈 희생과 독생자 예수님의 갈보리 십자가에서 마지막 한 방울의 피까지 다 쏟아 주신 그 예수님의 피 값으로 구속 죄 구원을 받았고 천국의 영생을 소유한 하늘 백성이 되었다(요 3:16절 참조).

성도 여러분! 과연 사랑과 자비의 하나님 아버지는 죄 값으로 마땅히 죽었어야할 죄인 괴수 나와 당신을 살리기 위해서 급기야는 독생자 예수 그리스도를 대신 십자가에 못 박아 희생시킬 수밖에 없었다. 이것이 바로 오늘 본문 요 3:16절에 "하나님이 세상을 이처럼 사랑하사 독생자를 주셨으니"라고 하신 말씀의 참된 의미인 줄 믿습니다〈요한일서 4:9~10절 참조〉.

찬송가 404장
① 그 크신 하나님의 사랑 말로 다 형용 못하네!
　　저 높고 높은 별을 넘어 이 낮고 낮은 땅위에
　　죄범한 영혼 구하려 그 아들 보내사
　　화목제로 삼으시고 죄용서 하셨네
　　하나님 크신 사랑은 측량 다 못하며
　　영원히 변치 않는 사랑 성도여 찬양하세

천국 영생을 소유한 하늘 백성

② 괴로운 시절 지나가고 땅위의 영화 쇠할 때

　주 믿지 않던 영혼들은 큰 소리 외쳐 울어도

　주 믿는 성도들에게 큰 사랑 베푸사

　우리의 죄 사했으니 그 은혜 잊을까

　하나님 크신 사랑은 측량 다 못하며

　영원히 변치 않는 사랑 성도여 찬양하세

③ 하늘을 두루마리 삼고 바다를 먹물 삼아도

　한없는 하나님의 사랑 다 기록할 수 없겠네

　하나님의 크신 사랑 그 어찌 다 쓸까

　저 하늘 높이 쌓아도 채우지 못하리

　하나님 크신 사랑은 측량 다 못하며

　영원히 변치 않는 사랑 성도여 찬양하세

결론

사랑하는 성도 여러분!

　지금 우리 모두 독생자까지 주신 하나님 아버지의
은혜와 사랑에 다시 한 번 뜨겁고 깊은 감사와 찬양과

영광을 돌려드리시기 바란다.

아울러 만 가지 은혜와 사랑을 받았으니 내 평생 슬프나 즐거우나 이 몸을 온전히 주님께 바쳐서 주님만 위하여 늘 살겠다고 하는 새로운 다짐과 각오와 결심으로 새롭게 무장하시기를 주님의 이름으로 축원하는 바이다.

아멘! 할렐루야!!

믿음

본문말씀

"하나님이 세상을 이처럼 사랑하사 독생자를 주셨으니 이는 저를 믿는 자마다 멸망하지 않고 영생을 얻게 하려 하심이니라"(요 3:16).

서론

우리가 지금 계속 공부하고 있는 요 3:16절 말씀 속에는 복음의 다섯 가지 핵심진리가 나타나 있다.

① 하나님 ② 세상 ③ 독생자 ④ 믿음 ⑤ 영생

우리는 이미 앞에서 1, 2, 3장을 통해서 복음의 핵심 시리즈 첫 번째로 "하나님" 두 번째로 "세상" 세 번째로 "독생자"에 대해서 각각 공부해 왔다. 따라서 이번 4장에서는 복음의 핵심 시리즈 그 네 번째로 "저를 믿는 자마다"라는 말씀을 중심으로 "믿음"에 대한 복음진리를 함께 공부해가면서 피차 은혜 받고자 한다.

Ⅰ. 하나님의 독생자 예수님을 믿는다는 말의 성서적 의미

성경에서 믿는다는 말은 '이해한다. 인정한다. 신뢰한다.'는 추상적인 의미보다는 "영접한다"는 실제적인 의미로 쓰여지고 있음을 볼 수 있다. 따라서 본문 요 3:16절에서 하나님의 독생자를 믿는다는 말의 정확한 의미는 하나님의 독생자 예수님을 나의 구주로 영접한다는 것을 의미해 준 말이다.

요 1:12절 "영접하는 자 곧 그 이름을 믿는 자들에게는 하나님의 자녀가 되는 권세를 주셨으니"

결국 구원은 하나님께서 예수님을 통해 은혜로 주신 사랑의 선물을 믿음이란 손으로 받기만 하면 나의 구원이 되는 줄 믿으시기 바란다.

〈믿음 → 영접해 드리는 것〉

엡 2:8~9절 "너희가 그 은혜를 인하여 믿음으로 말미암아 구원을 얻었나니 이것이 너희에게서 난 것이 아니요 하나님의 선물이라 행위에서 난 것이 아니니 이는 누구든지 자랑치 못하게 함이니라."

〈※〉 구원의 공식
예수님의 은혜 + 인간의 믿음
= 구원(천국의 영생)

믿음 → 영접해 드리는 것

바라기는 하나님께서 주신 구원의 선물을 믿음으로 받아 누리시기를 주님의 이름으로 축원하는 바이다.

II. 하나님의 독생자 예수님을 영접하는 믿음의 두 가지 단계

성삼위 창조주 하나님께서는 태초부터 우리 인간을

영과 혼과 몸을 가진 하나님의 형상을 닮은 인격적인 존재로 창조해 놓으셨다〈살전 5:23절 참조〉.

믿음의 첫 번째 영접단계 그러므로 영·혼·몸의 전인적인 구원을 받기 위해서는 믿음의 두 가지 단계의 영접이 필요하다. 그 첫 번째 단계로 성령으로 찾아오신 예수님을 나의 영속에 나의 구주로 영접해 드릴 때 나의 영이 예수님의 새 생명으로 거듭나서 하나님의 자녀가 된다〈요 3:5~7절 참조〉. 이것이 믿음의 첫 번째 영접단계다〈영속에 구주로 영접하는 믿음〉.

믿음의 두 번째 영접단계 그 다음 두 번째 단계로 이미 내 영속에 구주로 들어와 계신 예수님을 내 혼 속에 나의 주, 나의 왕으로 모셔드릴 때 나의 자아가 깨어지고, 나의 혼이 성화되기 시작한다. 그렇게 돼야 비로소 나의 인격과 생활이 변화되고 성령 충만한 주와 동행하는 삶을 살 수가 있다〈갈 2:20절 참조〉. 이것이 믿음의 두 번째 영접단계다〈혼속에 왕으로 모셔 들이는 믿음〉.

계 3:20절 "볼지어다 내가 문밖에 서서 두드리노니 누구든지 내 음성을 듣고 문을 열면 내가 그에게로 들어가 그로 더불어 먹고 그는 나로 더불어 먹으리라."

이 말씀 속에서 주님께서 나를 찾아온 것이 은혜다. 그리고 이 문은 혼(마음)의 문, 내 음성은 복음, 문을 여는 것은 회개와 믿음을 각각 의미해 준다. 아울러 "그로 더불어"는 중생단계〈내가 주인, 주님은 손님〉, "나로 더불어"는 성화단계〈주님이 주인, 나는 종〉을 의미해 준 말씀이다.

롬 1:17절 "복음에는 하나님의 의가 나타나서 믿음으로 믿음에 이르게 하나니 기록된 바 오직 의인은 믿음으로 말미암아 살리라 함과 같으니라."

이 롬 1:17절은 성경 전체에 나타난 복음의 핵심이요, 로마서의 대 주제이다. 아울러 이 구절은 중세기에 종교개혁자 루터로 하여금 종교개혁을 일으키도록 결정적인 영감을 불러 일으켜 준 놀라운 말씀이기도 하다. 루터가 로마의 교황청 안에 있는 빌라도의 층계를 무릎으로 기어 올라가던 중 "오직 의인은 믿음으로 말미암아 살리라"고 하신 이 구절이 화살과 같이 심령 속에 꽂혀 들어왔을 때 그는 그 자리에 하나님의 복음

성화단계
= 주님이 주인, 나는 종

의 영감을 받고 벌떡 일어나서 그 즉시 종교개혁을 목숨 걸고 단행할 수가 있었다고 한다.

따라서 이 구절은 루터가 "오직 믿음"〈Sola Fide〉이라는 종교개혁의 기치를 높이 들 수 있게 한 원동력이 되었던 말씀이다. 어떻든 이 구절에서 언급한 "하나님의 의"란 죄와 사망에 빠진 인간을 구원하시는 하나님의 의로우신 속성을 의미한 말씀으로 결국 롬1:17절 말씀은 곧 우리 인간은 오직 믿음이란 통로를 통해서만이 하나님의 의를 전수 받을 수 있다는 복음의 진수를 깨우쳐 주신 말씀이다.

그리고 "믿음으로 믿음에 이르게 하나니"하신 말씀 속에서 우리가 의로워 질 수 있는 온전한 구원에 이르는 믿음에도 두 가지 단계의 믿음이 있음을 밝히 보여주고 있다.

즉 첫 번째 단계의 믿음은 예수 그리스도를 나의 영속에 구주로 믿고 영접해 드리는 초보적인 믿음을 의미했다. 그리고 두 번째 단계의 믿음은 곧 영속에 이미 구주로 들어와 계신 예수 그리스도를 나의 혼속에 나의 주, 나의 왕

오직 믿음

으로 모셔드리는 성화적인 성숙한 믿음을 의미해 준 말씀이다.

그렇다면 과연 지금 당신의 믿음의 현 주소와 단계는 어느 수준에 머물러 있는지 다시 한 번 각자 점검해 보자.

그러므로 여러분의 믿음은 이제 초보적인 믿음에서 주와 동행하는 성숙한 믿음으로 변화되고 승화될 수 있기를 주님의 이름으로 축원하는 바이다.

Ⅲ. 하나님의 독생자 예수님을 믿음으로 영접해야 할 때 〈시기〉

과연 우리가 언제, 어느 때, 어떤 기회에 예수님을 믿음으로 영접해서 은혜와 구원과 영원한 생명을 얻어야 하겠는가?

호세아 10:12절 "너희가 자기를 위하여 의를 심고 긍휼을 거두라 지금이 곧 여호와를 찾을 때니 너희 묵은 땅을 기경하라 마침내 여호와께서 임하사 의를 비처럼 너희에게 내리시리라"

고후 6:2절 "내가 은혜 베풀 때에 너를 듣고 구원의 날에
너를 도왔다 하셨으니 보라 지금은 은혜 받을만한 때요 보
라 지금은 구원의 날이로다."

최상의 기회는 이 복음을
듣고 있는 바로 지금이다

　과연 죄인 괴수 나와 당신을 찾아오셔서 지금도 피
묻은 손으로 나와 당신의 죄악으로 녹슨 마음의 문을
두드리고 계신 예수님을 믿고 영접해서 구원과 은혜
를 받아야 할 유일한 가장 좋은 최상의 기회는 이 복
음을 듣고 있는 바로 지금이다.

※ 마귀나라 긴급 뉴스-마귀나라에서 가장 노련하고 간교한
　마귀는 '차차마귀' 다.

〈RS〉 D.L. Moody와 한 청년의 슬픈 이야기
　전 세계 백만명의 영혼을 주님께로 돌아오게 한 세
계적 부흥사 D.L. Moody 목사님이 시카고에서 목회
할 때 청년들의 성경공부 반을 인도하게 되었다. 그
때 한 유망한 청년이 이따금씩 성경공부 반에는 참석
하면서도 예수님을 영접하고 구원 받는 것을 계속 핑

게하고 연기했다. 서부에 내려가서 금광을 발굴해서 돈 벌고 부자가 되고 성공하면 그 때 가서 예수 잘 믿어 보겠다고 항상 변명만 하곤 했다.

그러던 어느 날 갑자기 그 청년이 무디 목사님을 찾아와서 지금 서부에 노다지 금광이 발견 되어서 돈 벌기 위해 떠난다고 인사차 들렸을 때 다시 한 번 예수님을 영접할 것을 권면했으나 정색하고 거절하고 돌아서 나가 버렸다. 그 순간 불길한 예감이 떠올랐다.

그날 밤 12시가 넘은 시간에 갑자기 비상전화가 와서 받아보니 그 청년의 약혼녀의 전화였다. 그 청년이 서부로 야간 특급열차를 타고 내려가던 중 기차의 탈선사고로 그 청년이 지금 병원 응급실에 있다는 전화를 받고 급히 병원으로 달려갔다. 무디 목사님은 병원 응급실에 피투성이 된 채 막 숨을 거두려고 하는 청년의 귀에 입을 대고 마지막으로 또 한 번 예수님을 구주로 영접할 것을 권면했다.

그러나 그 청년은 마지막 숨을 거두며 "목사님! 이제는 너무 늦었습니다. 이제는 너무 늦었습니다."라고 하는 말만 남기고 애석하게 숨을 거두고 말았다.

무디 목사님은 그 청년의 시체실을 떠나 나오면서

하늘을 우러러 보며 애통하면서 "오! 하나님! 기회 잃은 영혼, 기회 잃은 영혼을 불쌍히 여기소서!"라고 통곡하고 기도하면서 피 눈물 나는 심정으로 그 병원 문을 나왔다고 한다. 무디 목사님은 남은 일생을 기회 잃고 죽은 청년의 불쌍한 영혼이 생각날 때마다 애통해했다고 한다〈전도서 3:1~4절, 잠언 27:1절 참조〉.

그러므로 무엇이든지 기회를 제때 바로 붙잡을 줄 아는 사람이 성공적인 인생이다.

결론

오늘밤 죽어도
천국에 들어갈
구원의 확신

사랑하는 성도 여러분!

지금 우리 모두 조용히 머리 숙여 기도하면서 결단의 시간을 가지자.

그리고 다시 한 번 오늘의 말씀을 기억하자. 하나님의 독생자를 믿는다는 말은 무엇을 의미하는가? 예수님을 영접하는 것을 의미한다.

그렇다면 과연 당신은 찾아오신 예수님을 당신의 영속에 구주로 영접해서 거듭나 하나님의 자녀가 되셨는지? 또한 오늘밤 죽어도 당신의 영혼이 천국 들어갈 구원의 확신이 있는지? 이제 한 걸음 더 들어가 당신 영속에 들어와 계신 예수님을 당신의 마음 속 왕좌에 나의 주, 나의 왕으로 모시고 주님과 동행하는 성령 충만의 삶을 살고 있는지? 스스로 점검해보고, 확인해보자!

지금 당신을 찾아와서 마음 문을 두드리고 계신 예수님을 구주로 믿고 영접해서 거듭나 하나님의 자녀 되기를 원하시는 분은 지금 결단하자!

아울러 이미 믿고 거듭나서 구원 받으신 분들은 내 <u>혼속에 주님을 왕으로 모시고 성령 충만한 주와 동행하는 삶</u>을 살기 원하시는 분들도 지금 스스로 점검하고 확인하고 결단하자!

성령 충만한
주와 동행하는 삶

영생

본문말씀

"하나님이 세상을 이처럼 사랑하사 독생자를 주셨으니 이는 저를 믿는 자마다 멸망하지 않고 영생을 얻게 하려 하심이라"(요 3:16).

서론

우리가 이제껏 연속적으로 공부해 온 요 3:16절 말씀 가운데는 복음의 다섯 가지 핵심진리가 나타나 있다.

　① 하나님 ② 세상 ③ 독생자 ④ 믿음 ⑤ 영생

　우리는 이미 앞에서 1, 2, 3, 4장을 통해서 복음의 핵심 시리즈 첫 번째로 "하나님", 두 번째로 "세상", 세 번째로 "독생자", 네 번째로 "믿음"에 대해서 각각 공부해 왔다. 따라서 이번 제 5장에서는 복음의 핵심 시리즈 그 마지막 다섯 번째로 "멸망치 않고 영생을 얻게 하려 하심이니라"하신 말씀을 중심으로 "영생"에 대한 복음진리를 함께 파헤쳐 가면서 피차 은혜를 받고자 한다.

그러면 본문 요 3:16절에 하나님의 독생자 예수 그리스도를 믿으면 멸망치 않고 영생을 얻으리라는 말씀의 영적의미는 무엇인가?

I. 죄와 사망에서 해방 받아 속죄구원을 받게 될 것을 의미해 준 말씀이다

인간의 육신의 몸을 입고 오신 독생자 예수 그리스도

인류의 시조 아담하와의 범죄 타락 이후부터 인간의 최대 문제는 역시 죄의 문제와 그 죄 값으로 와 진 사망의 문제였다.

따라서 범죄 타락한 인간의 어떤 노력과 힘으로도 이 죄와 사망의 문제는 해결 불가능한 문제였다. 그러기에 사랑의 하나님께서는 이 해결 불가능한 인간의 문제를 근본적으로 해결하기 위해서 자신의 하나 밖에 없는 독생자 예수 그리스도를 인간의 육신의 몸을 입게 하셔서 이 땅에 보내주셨다.

그리하여 예수님께서는 결국 십자가의 피 흘려 죽으심을 통해서 인간의 지옥 갈 죄 문제를 근본적으로 해결해 주셨고, 아울러 죽음 권세 이기시고 다시 살아 부활하심으로 사망 문제를 해결해 주셨다.

요 11:25~26절 예수께서 가라사대 나는 부활이요 생명이니 나를 믿는 자는 죽어도 살겠고 무릇 살아서 나를 믿는 자는 영원히 죽지 아니하리니 이것을 네가 믿느냐.

따라서 오늘날 우리 인간들은 누구든지 부활이요, 생명이신 하나님의 독생자 예수 그리스도를 믿고 영접하기만 하면 그 즉시 죄와 사망의 노예에서 해방을 받아 속죄구원을 받게 되는 줄 믿으시기 바란다.

속죄구원

요 5:24절 내가 진실로 진실로 너희에게 이르노니 내 말을 듣고 또 나 보내신 이를 믿는 자는 영생을 얻었고 심판에 이르지 아니하나니 사망에서 생명으로 옮겼느니라.

⟨RS⟩ 오래전에 한국에서 유명하게 알려진 부흥 목사님 한분이 경상도 어떤 시골 장로교회에 부흥사경회를 인도하시러 가셨다. 부흥회를 다 마치고 그 교회 개척 공로가 많으신 원로 장로님 댁에 식사 초대를 받고 심방을 갔는데 팔순이 넘으신 원로 장로님은 여러 달 동안 병석에 누워 계셨다.

부흥 강사 목사님께서 식사를 잘 대접 받고 예배를 드리시기 전에 그 장로님을 위로하기 위해 "장로님! 이제는 수고의 십자가 다 벗으시고 천국에 들어가 안식할 날이 가까워 오시니 소망 속에 위로 받으시기 바랍니다." 그랬더니 그 원로 장로님이 한숨을 푹 내쉬면서 "목사님! 나 같은 죄인이 정말 천국을 들어갈 수만 있다면 얼마나 좋겠습니까?" "그렇다면 장로님은 아직까지 천국에 들어갈 구원의 확신이 없으십니까?" "목사님! 천국 가는 거야 죽어봐야 알지 지금 죽기도 전에 어떻게 알겠습니까?"

그래서 그 부흥 강사 목사님은 요 3:16절과 요 5:24

절 말씀을 그 장로님으로 스스로 암송케 하고 계속 문답을 통해 결국 그 장로님은 구원의 확신을 얻고 기뻐 눈물을 흘렸다. 그리고 나서 마지막으로 예배를 드리는 중 찬 545장 "하늘가는 밝은 길이" ①절 ②절을 부르고 ③절을 불렀다. "내가 천성 바라보고 가까이 왔으니 아버지의 영광 집에 가 쉴 맘 있도다. 나는 부족하여도 영접하실 터이니 영광 나라 계신 임금 우리 구주 예수라."의 마지막 절을 다 부르고 나서 활짝 웃는 얼굴로 목사님과 유가족들에게 작별인사와 마지막 유언을 남기고 주무시듯 운명하셨다.

성도 여러분! 현재 저와 여러분이 참으로 하나님의 독생자 예수 그리스도를 믿음으로 영접하셨다면 이미 죄와 사망의 노예에서 해방 받아 속죄구원을 받으셨다는 사실을 의심 없이 믿고 사죄의 확신과 구원의 감격과 소망의 즐거움 속에 항상 기뻐하고 쉬지 말고 기도하고 범사에 감사하며 남은 생애를 살아가시기를 주님의 이름으로 축원하는 바이다.

II. 예수 그리스도의 영원한 새 생명을 받아 하나님의 자녀로 거듭나서 새로운 피조물이 될 것을 의미해 준 말씀이다

디도서 3:5절 우리를 구원하시되 우리의 행한 바 의로운 행위로 말미암지 아니하고 오직 그의 긍휼하심을 좇아 중생의 씻음과 성령의 새롭게 하심으로 하셨나니….

〈RS〉 한국 초대교회를 부흥시킨 사람은 실은 황해도 안악의 부량 청년 김익두이다. 그는 안악군 대원면 평촌리서 출생했다. 깡패 두목으로 50명의 부하를 거느렸으며, 술집마다 돈 안 주는 외상을 일삼았고, 길거리에서 사람을 만나면 인사 받아도, 안 받아도 주먹질을 했고, 장날이 되면 길거리 대목에 막아서서 자기 다리 밑으로 통과케 하는 악행을 저질렀다.

그 뿐 아니라, 길거리에 큰 대자로 누워 돌아가도 시비, 넘어가도 시비를 걸었고, 시골 사람들 장날이 되면 서낭당에 들러 염불 드렸는가 하면, 처갓집에 정초에 세배 가서 "김익두 옵니다!" 할 때 닭이라도 잡는 소리가 안 들리면 칼로 돼지우리에 가서 돼지의 목을 따서 죽여 버리기도 했다. 그래서 그 당시 울던 애

기도 호랑이 김익두 온다고 하면 울음을 그칠 정도로 행패가 심하기로 소문난 깡패였던 사람이었다.

그러던 어느 장날 장터에서 여선교사(미국 북 장로교 스왈론 선교사)가 전해준 전도지를 받고 코를 풀어 버린 후 여선교사님이 "청년, 하나님 말씀이 기록된 전도지로 코를 풀면 그 코가 썩을 것입니다!"라는 말에 큰 충격과 감화 받고 예수님을 믿기 시작했다.

그 후에 안악교회에 출석하여 스왈론 선교사의 "영생"이란 제목의 설교를 듣고 예수님을 영접하게 되었고, 그 후 그가 예수님을 영접하고 새 사람으로 거듭난 후 그가 세례 받던 날 온 동리에 부고장을 돌렸다고 한다. 그리하여 〈몇월 몇일 몇시에 김익두 죽다!〉 부고장을 받고 달려온 모든 동리 사람들 앞에서 눈물 흘리며 간증했다고 한다(갈 2:20절 참조). 그 이듬해에 재령읍 교회에서 전도사로 시무하다가 나중에 목사가 되었다.

고후 5:17절 그런즉 누구든지 그리스도 안에 있으면 새로운 피조물이라. 이전 것은 지나갔으니 보라 새 것이 되었도다!

바라기는 이와 같은 신앙고백이 저와 여러분의 거짓 없는 진정한 신앙고백이 되시기를 주님의 이름으로 축원하는 바이다.

Ⅲ. 장차 영원한 천국에 들어가 성삼위 하나님과 함께 영생복락을 누리게 될 것을 의미해 준 말씀이다

본문 요 3:16절 하반절에 "이는 저를 믿는 자마다 멸망치 않고 영생을 얻게 하려 하심이니라"고 말씀해 주고 있다. 여기에 "멸망치 않고 영생을 얻게 해 주신다"는 말씀의 의미는 지옥가지 않고 천국에 들어가서 영원한 영생복락을 누리게 해 주신다는 말씀이다.

〈1〉 하나님께서 지옥과 천국은 왜 만들어 놓으셨을까요?

① 지옥은 끝까지 하나님의 독생자 예수 그리스도를 믿지 않고 불신앙하고 불순종하므로 멸망 받을 마귀의 자식들이 들어가서 영원히 무서운 심판과 유황불 못 속에서 형벌을 받게 하시기 위해

서 만들어 놓으신 곳이다(마 25:41절 참조).

② 천국은 하나님의 독생자 예수 그리스도를 믿고
영접하고 순종하는 하나님의 자녀들로 하여금
영원한 안식과 희락과 영광을 누리며 영원무궁
토록 살아가게 하기 위해서 만들어 놓으신 곳이
다(요 14:1~3절 참조).

〈2〉 과연 천국과 지옥은 어디에 위치해 있는 어떤 곳
인가?

※ 천국과 지옥과 이 세상에 대한 개념 총정리

천국은 우리가 살고 있는 지구 우주 북쪽 공간 깊숙
이 자리 잡고 있는 현존하는 실제의 세계다. 그리고
지옥은 우리가 살고 있는 지구 땅 속 한복판에 자리
잡고 있는 현존하는 실제의 세계다. 결국 지구는 천국
과 지옥의 중간에 위치해 있다(빌 2:10~11절 참조).

천국은 현존하는
실제의 세계다

① 이 세상(상대성 원리) → 빛과 어두움, 행복
과 불행, 기쁨과 슬픔, 사랑과 증오, 소망과 절
망, 평안과 고통, 웃음과 눈물이 함께 공존함.
② 지옥 → 부정적인 요소만 몽땅 모아 놓은 곳.
(어두움, 불행, 슬픔, 증오, 절망, 고통, 눈물, etc)

③ 천국 → 긍정적인 요소만 몽땅 모아 놓은 곳.
   (빛, 행복, 기쁨, 사랑, 소망, 평안, 웃음, etc)

결국 입 딱 벌리고 황홀하도록 좋아할 요소들만 몽땅 모아 놓은 것이 천국이다.

⟨3⟩ 천국과 지옥에서 살아가는 기간은 얼마일까?

성경은 말하기를 천국이 영원한 것처럼 지옥 형벌 기간도 영원하다고 말씀해 주고 있다⟨부정론자 궤변 반박⟩.

영원한 천국에서의 영생복락

그러므로 성경에서는 천국에서의 영생복락도 영원하고 지옥에서의 형벌기간도 영원하다고 선포해 주고 있다. 그런데 단 불교에서는 지옥도에 들어가 있는 기간을 "영겁"이라고 표현해 주고 있다(기독교에서는 영원이라고 표현!).

※ '한 겁' 이란?(비교종교학 참조)

"길이, 넓이, 높이가 각각 400리나 되는 정방향의 큰 성에 가득 채워 놓은 겨자씨를 대머리 까진 늙은 메뚜기 한 마리가 1년에 한 알씩 물어내서 그 큰 성에 가득 찬 겨자씨를 다 물어내는 기간을 한겁이라고 한다.” 그런데 한 겁도 아닌 영겁이라니!

또 어떤 학자는 “참새 한 마리가 태평양 바닷물을 주둥이로 찍어다가 대서양으로 다 옮기는 기간 정도는 영원에 비하면 시작에 불과하다”고 말했다.

〈RS〉 남북전쟁이 일어나기 전 미국 남부의 어떤 농장에 대지주 농장 주인이 신앙이 깊은 노예를 데리고 살다가 갑자기 병들어 죽었을 때 그 노예 종이 너무 슬퍼하는 이유를 주위 사람들이 물었더니 “우리 주인은 평생 여행을 떠나기 전에는 반드시 몇 달 전부터 준비하고 떠나시곤 했는데, 평소에 천국에 대해서는 어떤 준비도 안하시고 떠나신 것을 보면 천국에는 못 들어가신 것이 너무도 확실하므로 이렇게 슬퍼할 수밖에 없습니다.”라고 대답했다고 한다〈EX〉.

※ 종말시대 성도들의 3가지 준비
① 죽음 준비 ② 신랑 되신 예수님 맞이할 준비 ③ 천국 들어갈 믿음 준비

① 죽음 준비
② 예수님 맞이할 준비
③ 천국 들어갈 믿음 준비

당신은 이 세 가지 준비를 다 갖추고 살아가고 있는지 점검해보자!

결론

사랑하는 성도 여러분!

우리는 이제껏 다섯 단원에 걸쳐서 성경전체에 나타난 복음을 한절로 요약해 놓은 이른바 "작은 복음서"로 일컬어지는 요 3:16절 말씀 가운데 나타난 복음의 다섯 가지 핵심 진리인 "하나님, 세상, 독생자, 믿음, 영생"에 대해서 각각 연속시리즈로 공부해 왔다.

저와 여러분은 이상의 복음의 다섯 가지 핵심진리를 성경에 나타난 그대로 믿고, 그대로 살고, 그대로 땅 끝까지 전파하며 살아가시기를 주님의 이름으로 축원하는 바이다!

이제 끝으로 그 동안 다섯 단원에 걸친 복음의 핵심 시리즈 특강을 마지막 시간까지 함께 공부해온 성도 여러분들께 계 22:12절 말씀을 특별선물로 선포해 드리면서 모든 메시지를 끝마치고자 한다.

"보라! 내가 속히 오리니"
(계 22:12절)

"보라! 내가 속히 오리니 내가 줄 상이 내게 있어 각 사람에게 그의 일한대로 갚아 주리라!"(계 22:12절)

복음의 핵심

지 은 이   이상남
펴 낸 이   김민영
펴 낸 날   2008. 12. 24.
등록번호   제22-1453호
펴 낸 곳   도서출판 최선의 삶
           (우 137-876) 서울시 서초구 서초동 1589-5
           센츄리 오피스텔 511호
전   화   587-4737
팩   스   587-4733
* 책값은 표지에 있습니다.
ISBN   978-89-88657-35-5
총   판   (주)기독교출판유통
전   화   (031)906-9191

E · Mail: Malipres@hitel.net
최선의 삶은 독자의 의견에 항상 귀기울이고 있습니다.